AF369979

Vente du Vendredi 11 Février 1870

SALLE N° 8

TABLEAUX

MODERNES

COMPOSANT

LA COLLECTION DE M. B...

EXPOSITION PUBLIQUE

Le Jeudi 10 Février 1870

Me CHARLES OUDART, COMMISSAIRE-PRISEUR

M. ÉMILE BARRE, EXPERT

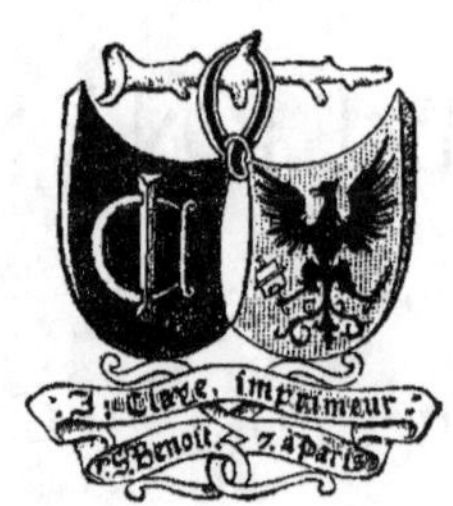

J. Clere, imprimeur
S.-Benoit, 7, à Paris

CATALOGUE

DES

TABLEAUX

MODERNES

ET

QUELQUES AQUARELLES

COMPOSANT LA COLLECTION DE M. B...

DONT LA VENTE AURA LIEU

HOTEL DROUOT, SALLE Nᵒ 8

Le Vendredi 11 Février 1870

A 3 HEURES 1/2

PAR LE MINISTÈRE DE Mᵉ CHARLES OUDART, COMMISSAIRE-PRISEUR
26, boulevard des Italiens

ASSISTÉ DE M. ÉMILE BARRE, EXPERT
20, Chaussée-d'Antin

Chez lesquels se distribue le présent Catalogue.

EXPOSITION PUBLIQUE

LE JEUDI 10 FÉVRIER 1870, DE 1 HEURE A 6 HEURES

CONDITIONS DE LA VENTE

Elle sera faite au comptant.

Les acquéreurs payeront *cinq pour cent* en sus du prix d'adjudication.

L'Exposition mettant le public à même de se rendre compte de l'état des tableaux, il ne sera admis aucune réclamation une fois l'adjudication prononcée.

DÉSIGNATION
DES TABLEAUX

ACCARD

1. — Jeune dame lisant une lettre.

ANASTASI

2. — Paysage de la Hollande.

BAKALOWIEZ

3. — Jeune femme lisant.

Aquarelle.

BARON (Henri)

4. — La Broderie.

BARON (Henri)

5. — Le Lutrin.

BESSON (Faustin)

6. — La Dame au perroquet.

BONNINGTON

7. — Les Bords de la Tamise.

BRISSOT

8. — Vaches au pâturage.

CARAUD

9. — La Chaise à porteurs.

CARAUD

10. — La Toilette de madame de Pompadour.

COROT

11. — Les Bords de l'Oise, paysage avec figures.

DANSAERT

12. — La Conversation.

DARGELAS

13. — La Sortie de l'école.

DECAMPS

14. — Chasseur à l'affût.

Provenant de sa vente.

DIAZ

15. — La Lecture dans la campagne.

DIAZ

16. — Environs de Barbizon.

FAUVELET

17. — La Lettre.

FRÈRE (Théodore)

18. — Une Rue au Caire.

GILLES (W.)

(École anglaise.)

19. — La Diseuse de bonne aventure.

GOUPIL (Léon)

20. — Le Coffret.

GUDIN

21. — Prise du camp de Staoüéli, en 1830.

GUILLEMIN

22. — La Fileuse.

GUILLEMIN

23. — Paysans des Pyrénées.

HERBSTOFFER

24. — Intérieur de cabaret.

HERBSTOFFER

25. — Le pendant du précédent.

HERBSTOFFER

26. — Mousquetaire.   Dessin aux deux crayons.

HOLTZAPFFEL

27. — Le Droit de passage.

JACQUE (CHARLES)

28. — La Gardeuse de moutons.

JACQUE (Charles)

29. — Moutons au pâturage.

VAN JINSCHOOT

30. — Cavaliers en fourrageurs.

Épisode du siége d'Anvers.

LAMBINET

31. — Le Pont.

LAMI (Eugène)

32. — Un Salon en 1840.

Aquarelle.

LUMINAIS

33. — Chien & Chat.

MAZZONI

34. — Cavaliers arabes.

PALIZZI

35. — L'Abreuvoir.

PALIZZI

36. — Paysage de Normandie.

PAPETY

37. — Italienne revenant de la fontaine.

PROTAIS

38. — Zouaves au repos.

RIBOT

39. — Tête de jeune garçon.

RINALDI

40. — Sénateur vénitien.

Aquarelle.

ROHEN

41. — La Bonne Aventure.

ROQUEPLAN

42. — Intérieur avec personnages en costumes du XVIe siècle.

ROUSSEAU (Philippe)

43. — Le Renard & les Raisins.

ROUSSEAU (Philippe)

44. — Nature morte.

ROUSSEAU (Théodore)

45. Troupeau de bœufs sous bois.

ROUSSEAU (Théodore)

46. — Paysage des environs de Compiègne.

TROYON

47. — Les Bords de l'Oise.

TROYON

48. — Moutons au repos.

VERBOECKOVEN (Eugène)
(1830)

49. — Vaches au pâturage.

VERLAT

50. — La Lettre.

VEYRASSAT

51. — Le Passage du bac.

VERNET (Horace)

52. — Le Galop d'essai.

ZIEM

53. — Quai des Esclavons, à Venise.

ZIEM

54. — Les Lagunes de Venise.

Aquarelle.

PARIS. — J. CLAYE, IMPRIMEUR, 7, RUE SAINT-BENOIT — [199]